Gerda Thelen

Schöne Sachen Modellieren

Originelles aus Cernit –
ideenreich gestaltet

FALKEN
VERLAG

CIP-Kurztitelaufnahme der Deutschen Bibliothek

Thelen, Gerda:
Schöne Sachen modellieren: originelle Ideen aus Cernit / von Gerda Thelen. – Niedernhausen/Ts.:
Falken-Verlag, 1985.
ISBN 3-8068-0762-0

ISBN 3 8068 0762 0

6272 Niedernhausen/Ts.
Titelbild: Gerhard Burock, Wiesbaden-Naurod
Fotos: Gerhard Burock, Wiesbaden-Naurod
Modelle: Gerda Baumgarten, Heidi Schäfer, Gisela Scholz, Karin Scholz

Druck: Offset-Team Zumbrink, Bad Salzuflen

817 2635 4453 6271

Inhalt

Originelle Dekorationen

Kleine Geschenke erhalten die Freundschaft. Mit etwas Phantasie, Sinn für Ausgefallenes oder Nostalgisches und ein bißchen Geschicklichkeit und Übung läßt sich für jeden Geschmack ein kleines Mitbringsel modellieren. Anregungen und Ideen sind überall zu finden. Gehen Sie auf Entdeckungsreise.

Um originelle Dekorationen, Tierfiguren und Puppen modellieren zu können, braucht man ein Material, das problemlos geformt, gehärtet und bemalt werden kann. Cernit ist eine neuartige Kunststoffmodelliermasse, mit der man äußerst vielseitig gestalten kann. Sie ist geschmeidig, sehr elastisch trocknet an der Luft nicht aus und härtet nur durch Kochen oder Backen. Cernit eignet sich für einfache Arbeiten von Kindern genauso gut wie für künstlerische Objekte.

Das Material

Cernit gibt es in Weiß in Abpackungen von 65 g – 1 kg und in 17 verschiedenen Farben. Durch Mischen und Aufhellen der Farben ergibt sich jeder beliebige Farbton. Die einzelnen Arbeitsschritte bestehen beim Modellieren aus Durchkneten, Formen, Härten und der Endbearbeitung plus Dekoration. Es gibt einige Regeln, deren Kenntnis das Modellieren mit Cernit erleichtert:

- Wichtig ist, daß Hände, Arbeitsfläche und Werkzeug ganz sauber sind. Die Masse nimmt wie ein Radiergummi jeden Schmutz und Staub auf.
- Das Material reagiert intensiv auf Temperatur. Dies kann man ganz gezielt beim Modellieren nutzen. Wärme macht Cernit weich und geschmeidig, kalt ist es steif und fest. Man teilt daher ein Stück, mit dem man arbeiten will, in Teile und knetet diese durch. Genauso gut kann man sie mit einem Nudelholz durcharbeiten oder im warmen Wasser anwärmen.

Wird die Masse beim Modellieren durch die Handwärme zu weich, setzt man das Teil kurz in den Kühlschrank, die Kälte verfestigt es wieder.
Kälte hat keinerlei negative Auswirkungen auf das Material. Wird es aber über längere Zeit Temperaturen über 30 Grad ausgesetzt, fängt die Oberfläche an auszuhärten.

- Einmal durchgearbeitet, ist Cernit sehr elastisch und ganz fein auszumodellieren. Es läßt sich in jeder gewünschten Weise formen, flechten, drehen und hauchdünn ausziehen.
- Gehärtet wird Cernit im vorgeheizten Backofen bei 100–140 Grad. Die Temperatur von 150 Grad darf nicht überschritten werden. Die Dauer der Backzeit liegt je nach Feinheit und Größe des Objektes zwischen 5 und 45 Minuten.

Beim Erhitzen wird das Material zunächst noch einmal ganz weich, man sollte deshalb ganz dünne Objekte abstützen.

- Will man ein Objekt aus Teilen, die sehr unterschiedlich dick sind, härten, so kann man dies in mehreren Backgängen tun: Man beginnt mit dem dicksten Teil, härtet dieses etwas kürzer als erforderlich und modelliert dann die dünneren Teile nach dem ersten Härten auf oder an und gibt das Teil dann erneut in den Ofen.

● Modelliert man sehr große kugelige Formen, empfiehlt es sich, die Kugel an einer Stelle anzuhöhlen; große Kugeln haben sonst leicht die Neigung zu reißen, da sich bei großer Materialmenge wegen der höheren Temperaturen in der Außenhaut leicht Spannungen aufbauen, die das Material quasi auseinandersprengen.
Ist beim Härten ein Riß entstanden, so kann man den Spalt mit Modelliermasse ausfüllen und das Teil nochmals kurz härten. Den Übergang schmirgelt man dann ab.

● Kleinere Teile kann man auch durch Kochen härten. Man gibt das Teil in kaltes Wasser und läßt es nach dem Aufkochen nur noch 2–3 Minuten im Wasser. Grundsätzlich ist eine höhere Härtungstemperatur für Kunststoffmassen besser.
Ist ein Teil ausgehärtet und erkaltet, kann es noch weiterverarbeitet und vielseitig verziert werden. Man kann es schleifen, bohren und sägen, mit allen handelsüblichen Farben bemalen und mit verschiedenen Materialien kombinieren.

Das Werkzeug

Zum Bemalen kann man alle handelsüblichen Farben benutzen, außer Sprühlacken und Ölfarben. Bearbeitet man ein Teil vor dem Bemalen noch mit feinstem Naßschmirgelpapier, ist der Untergrund optimal für die Farbe vorbereitet, und die Farben haften sehr gut. Auf jeden Fall sollte man die Objekte vor dem Bemalen mit einem Spülmittel entfetten.

Das wichtigste Werkzeug beim Modellieren ist die Hand. Beim Ausformen sollte ein Teil immer sehr locker gehalten und nur mit leichten Streichbewegungen geglättet werden, damit man keine Fingerabdrücke aufbringt oder das Objekt verformt.

Arbeitet man in der Plattentechnik, so sind Nudelholz, Küchenmesser, Schere und Ausstechformen die einfachsten Hilfsmittel. In der Küche findet man allerlei Nützliches zum Strukturieren der Objekte: Reiben, Raspeln, Knoblauchpressen. Für plastisches Modellieren benutzt man die im Handel erhältlichen Modellierwerkzeuge aus Kunststoff oder Holz. Für besonders feine Arbeiten an Puppen und Figuren nimmt man gutes Manikürbesteck, spezielle Puppenwerkzeuge oder Zahnarztbestecke.

Müssen an der Bemalung Korrekturen vorgenommen werden, so geschieht dies je nach verwendeter Farbe mit Wasser und Reinigungsmittel oder Nagellackentferner.

Besonders schöne Effekte erzielt man durch Verwendung aller Schminkutensilien: Puder, Rouge, Lidschatten, Kajalstift, Eyeliner usw.

Zur Fixierung der Farben wird das Modell noch mit Klarlack überzogen. Es gibt einen Speziallack von Cernit, der besonders gut geeignet ist, da er einen so matten Film bildet, daß man ihn kaum sieht.

Sprühlacke kann man nicht verwenden, da die enthaltenen Lösungsmittel in die Oberfläche eindringen und das Material aufweichen.

Kleine Objekte zum Einstieg

Formen abzudrücken, auszustechen oder auszuschneiden ist der einfachste Weg zu etwas Modelliertem.
Tischkärtchen und Türschilder sind dekorative kleine Objekte, um mit dem Material Bekanntschaft zu schließen:

Ein Stück Modelliermasse wird angefeuchtet, damit sie nicht an der Walzrolle haften bleibt.
Dann rollt man das Cernit wie einen Teig in gewünschter Stärke aus und tupft es wieder trocken.

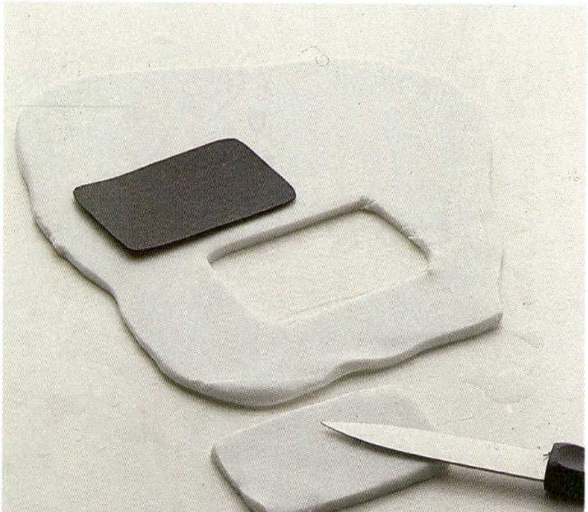

Entlang einer vorgefertigten Schablone oder freihändig wird die Grundplatte ausgeschnitten.

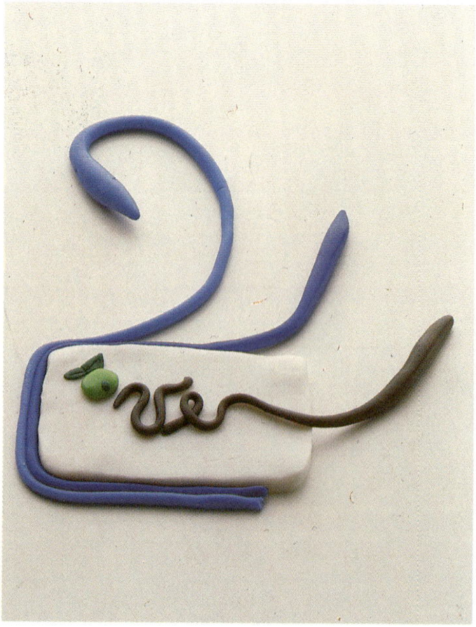

Zwei gerollte Würstchen oder eine gedrehte Kordel bilden den Rahmen. Der Namenszug wird aus einem dünnen Würstchen aufgelegt und etwas angedrückt. Blütchen, Blätter, Früchte oder Tierchen kann man mit kleinen Formen ausstanzen oder aus Kügelchen modellieren.

Wie italienische Keramik wirken einfache Blumentöpfe, wenn sie mit Motiven aus Modelliermasse verziert sind. Die Dekoration kann man gleich auf den Übertopf aufbakken oder hinterher ankleben. Der Klebstoff hält besser, wenn die Rückseite der gehärteten Teile leicht angeschmirgelt wird.

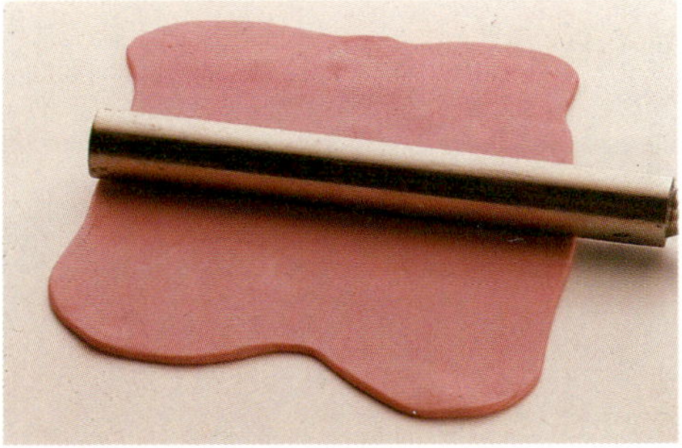

Modelliermasse ausrollen.

Auch ganze Übertöpfe lassen sich modellieren. Dazu fertigt man eine Grundform aus starkem Karton und umkleidet sie mit dünn ausgerollter Masse. Die Nahtstellen sorgfältig mit feuchten Fingern verstreichen. Mögliche Unebenheiten können auch nach dem Backen noch abgeschmirgelt werden.

Das Motiv entlang einer vorgefertigten Schablone ausschneiden.

Farbenspektrum

Cernit gibt es in Weiß und farbig. Aber nicht immer ist gerade der passende Farbton zur Hand. Mischt man die Farben miteinander oder hellt sie mit Weiß auf, entstehen interessante Marmorierungen, Pastell- und Zwischentöne.
Wie beim Malkasten, gewinnt man alle Farben aus den drei Grundfarben Rot, Blau und Gelb. Je zwei Farben in den verschiedenen Mischungsverhältnissen bringen die Komplementärfarben hervor. Aus allen drei Farben wird schwarz. Als Zwischenstufe bilden sich Marmorierungen.

Marmorierungen aus zwei und mehr Farben.

Rosé entsteht aus einem Teil Rot und zehn Teilen Weiß.

Farbkreis

So können Sie jetzt Knöpfe farblich passend zu Ihrer Kleidung selbst herstellen: Die gemischte Modelliermasse wird zur Platte ausgerollt. Dann läßt man sie eine Weile ruhen, damit sie abkühlt und sich beim weiteren Basteln nicht verzieht. Aus dem erkalteten Material stanzt man mit einem scharfrandigen runden oder eckigen Gegenstand die Knopfgrundform aus und verziert den Knopf nach Belieben. Zum Schluß sticht man mit einer Nadel die Knopflöcher ein. Damit die Knöpfe die nötige Festigkeit haben, sollten sie gebacken werden. Beim Waschen die Knöpfe sicherheitshalber abtrennen.

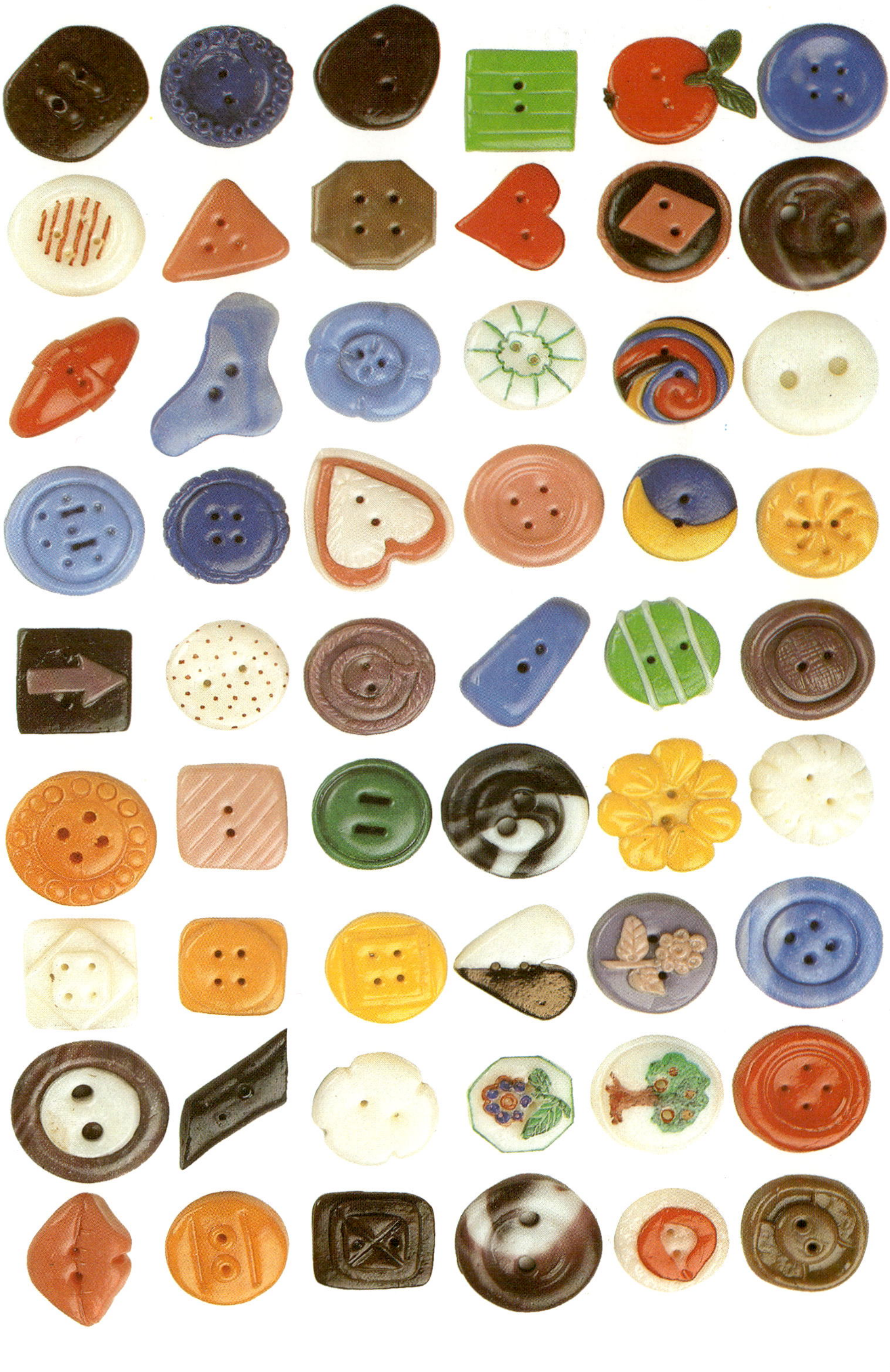

Schmuck und Accessoires

Schmucke Stücke für die Frisur, das Dekolleté, das Revers, die Krawatte, die Manschetten, die Finger-, die Arme und die Taille individuell zu gestalten, fördert die Kreativität und Begeisterung für das Hobby Modellieren.

Ob frei aus der Hand gearbeitet oder in vorgefertigte Formen gedrückt, ist jedem selbst überlassen. Die Modelle sind alle kinderleicht. Dabei kann man kleine Materialreste aus der Bastelstube verwerten, wie Federn, Pailletten, Muscheln, Perlen oder alte Gürtelschnallen.

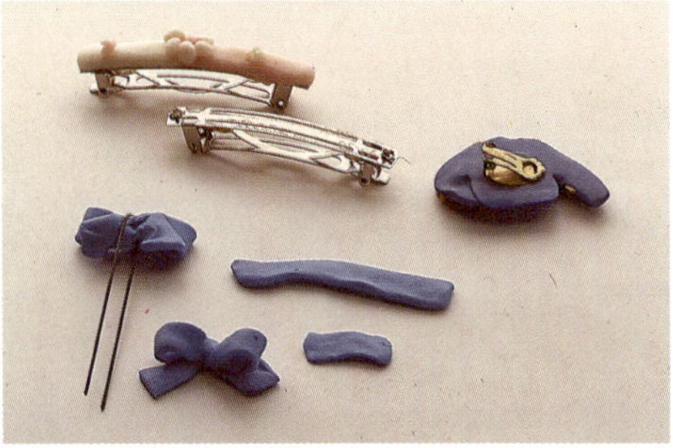

Ösen für Anhänger, Nadeln für Haarschmuck und andere Metallteile kann man gleich mitbacken. Für Verzierungen aus Glas oder Kunststoff werden Mulden gedrückt und die ausschmückenden Elemente dann nach dem Härten eingeklebt. Auch Broschen und Spangenunterteile befestigt man erst nachher, da alle modellierten Teile möglichst plan liegen sollten, damit sie sich nicht verziehen. Zum Kleben kann Alleskleber verwendet werden. Aber auch Lack hält die Materialien zusammen. Wichtig ist, daß so lange angedrückt wird, bis der Kleber getrocknet ist.

Blütentuffs als Anstecknadeln werden aus Einzelblüten gebunden. Dazu formt man zuerst die Blütenblättchen und den Stempel. Nachdem diese zusammengefügt sind, wird die Blüte während des Härtens durch einen Pappring abgestützt. Den Stiel formt man aus einem mit Cernit ummantelten Blumendraht, der angearbeitet und gleich mitgebacken wird.

Wer etwas mehr Zeit aufwendet, kann ganze Schmucksets aus den gleichen Motiven modellieren: Kämme, Broschen, Ohrringe, Gürtelschnallen, Armreifen und Ketten.

Ebenso ansprechend sind derartige Dekorationen auf Bürsten, Kosmetikdosen oder Spiegelrahmen für Bad und Garderobe sowie Serviettenringe, Kerzenhalter und Blütenkränze für den schön gedeckten Tisch.

Um die verschiedenen Blüten und Blättchen zu modellieren, nimmt man sich am besten Originale oder gute Abbildungen als Vorlage. Die Grundform für Blüten und Blätter ist die Kugel. Sie wird flachgedrückt oder zu einem Band ausgewalzt.
In die herzförmigen Blättchen ritzt man mit dem Messerrücken die Blattrippen ein.
Nelkenähnliche Phantasieblüten setzen sich aus gebündelten Streifen zusammen.
Für Rosen wird zuerst ein schmales Band tütenartig gerollt. Einzelne flachgedrückte Blütenblättchen setzt man kreisförmig um diesen Mittelpunkt herum.
Grundlage für das Schmuckarrangement der Gürtelschnalle ist in unserer Abbildung eine ovale Cernitplatte. Die Einzelmotive werden nacheinander aufgearbeitet.

Bei unserem Kämmchen sind die Blüten und Blätter durchstochen. Sie werden nach dem Backen mit Perlen verziert und angedrahtet.

Durch farblich passende Glanzbänder und einen dezenten Auftrag aus goldfarbenem Kosmetikpuder erhalten die Schmuckobjekte einen besonderen Reiz.

Besondere Glanzlichter erhält man durch Goldbronze, die man dünn aufpinselt.

Natürliche Stilleben

Malen und Modellieren macht Bilder plastisch und lebendig. Sehr hübsch sind auch Collagen, in die man halbplastisch modellierte Teile mit glatter Rückseite einsetzt. So kann man zum Beispiel eine Landschaft aus Wiesen, Bergen und Himmel auf Leinwand malen und die abgebildeten Bäumchen nach dem Härten aufkleben.
Unter dem Bild steht auf der Anrichte dann vielleicht noch ein Spankörbchen mit verlockenden Früchten. Kirschen, Pflaumen, Äpfel und Erdbeeren werden aus Kugeln geformt, mit verschiedenen Küchengeräten naturgetreu strukturiert und nach dem Härten mit Klarlack übersprüht. Die Blätter entstehen aus kleinen plattgedrückten Kugeln, in die man mit dem Messerrücken Blattrippen ritzt.

GERMANY
ROSTFREI INOX

Figürliches

Tiere, Figuren und andere mehrdimensionale Körper sind nicht so schwierig zu modellieren, wie es auf den ersten Blick erscheint. Auch sie bauen sich meist aus einfachen Grundformen auf: Kugel, Kegel, Platte oder Band, Wurst und Würfel. Die Urform ist die Kugel, aus der durch Ausrollen, Ausziehen und Eindrücken Formenvielfalt entsteht.
Auch die Wurst entsteht aus einer Kugel. Aus Würsten modelliert man Arme, Beine, Schleifenbänder, Armreifen und Puppenstühle. Aus Platten schneidet man Formen nach Schnittmustern aus, strukturiert die Oberfläche eventuell durch Abdruck grober Textilien, wickelt Eistüten, fertigt Hampelmänner oder baut Häuser.
Was immer man modelliert, erst teilt man das Objekt gedanklich in Grund- und Teilformen ein. Der Rest geht dann leichter von der Hand. So entsteht beispielsweise die kleine Maus aus einer Eiform.

Die Eiform auf einer Seite flachdrücken. Den Kopf mit den Fingern zuspitzen. Die Vorder- und Hinterbeine einkerben.

An der Spitze des Schnäuzchens vorsichtig ein Loch bohren, eine kleine schwarze Wurst rollen, einstecken und zur Halbkugel formen. Mit einer Nadel die Barthaare andeuten.
Den Mundschlitz einkerben und ein rotes Würstchen eindrücken.
Zwei Zähne aus weißem Cernit formen, mit dem Modellierholz die Stellen vorstechen und einsetzen.
Die Augenvertiefungen einstechen und zwei schwarze Kügelchen einsetzen.
Die Ohren als kleine Platten ausformen und mit dem Modellierholz ansetzen, dabei die Ansatzstellen verstreichen.
Zum Schluß für den Schwanz ein Loch in das Hinterteil bohren und eine sich verjüngende Wurst einsetzen.

Der kleine Sportsmann entsteht aus einem Kegel, einer Kugel und vier Würsten.

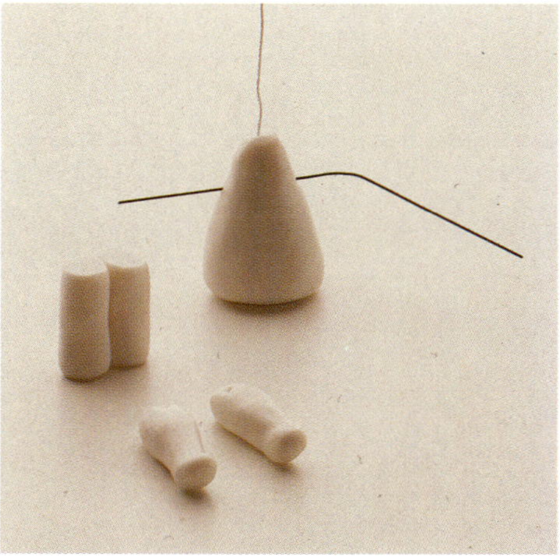

Die Arme sollen beweglich sein, deshalb werden sie mit Draht angehängt. Ein paar Zentimeter unterhalb der Kegelspitze einen Blumendraht durchstechen.
Für den Kopf oben in der Mitte einen Draht einbringen.
Die Arme etwas formen, so daß die Hände angedeutet werden. An den leicht flachgedrückten Armkugeln Löcher für die Aufhängung durchbohren.

Eine Kugel als Kopf aufsetzen und ein Kügelchen als Nase aufdrücken.
Wenn die Proportionen stimmen, werden Kopf, Körper und Gliedmaße wieder getrennt und separat auf einem Blech im Backofen etwa 10–15 Minuten bei 130–150 Grad gehärtet.
Danach erfolgt die Bemalung und nach dem Trocknen der Farben die Montage. Dazu biegt man die Drahtenden zu kleinen Schlaufen, so können die Drähte nicht verrutschen.

Frisuren modelliert man aus spiralförmig gedrehten Würsten, Kordeln oder geflochtenen Zöpfen. Ein Pony kann auch aus einer geformten und eingeschnittenen Platte bestehen.
Verschiedene Möglichkeiten einfache Gesichter zu malen.

Puppenparade

Puppen sind beliebte Sammlerobjekte. Doch meistens kaum erschwinglich. Wenn Sie auch zu den leidenschaftlichen Puppenliebhabern zählen, stellen Sie doch selbst einmal diese Kunstwerke her. Mit Geduld, Geschick und einer guten Anleitung kommt man Schritt für Schritt voran. Als erste Puppe sitzt hier ein Clown Modell.

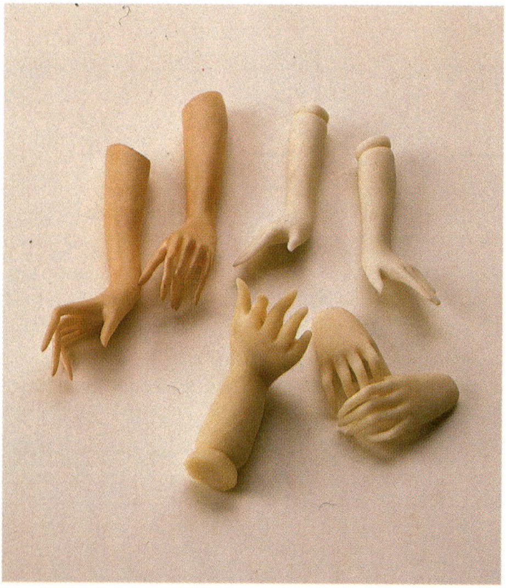

Zuerst werden die Hände, dem Puppentyp entsprechend, modelliert.

Die Modelliermasse wird weich geknetet und zu einer Wurst ausgerollt.

Ein Endstück umbiegen und den Handteller flachdrücken.

Den vorderen Handteil für die Finger einteilen und Dreiecke zwischen den Fingern wegschneiden.

Die stehengebliebenen Stifte mit Daumen und Zeigefinger rollen, dabei am späteren Handgelenk leicht nach hinten knicken. Diese Arbeit geht leichter, wenn das Material hin und wieder mit Stärkemehl bestäubt wird.

Während des Rollens schon damit beginnen, die Finger vorsichtig auf die gewünschte Länge zu ziehen. Unser Beispielclown hat breite, etwas fleischige Hände mit kurzen Fingern. Für lange grazile Hände muß das Material gut durchgeknetet sein, sonst reißen die Finger beim Ausziehen leicht ab.

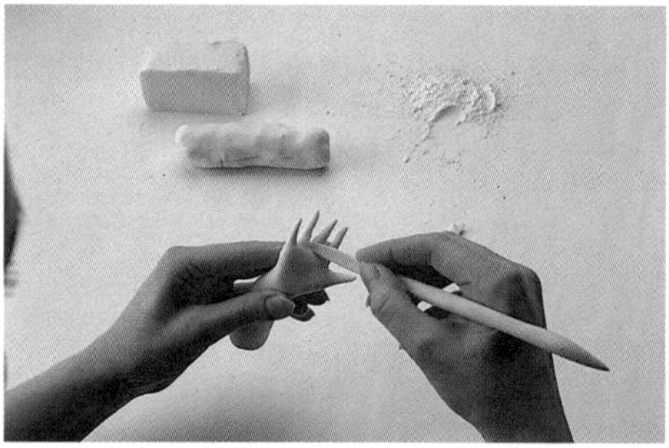

Fingeransätze mit dem Modellierholz einkerben und in Form bringen. Nehmen Sie ihre eigenen Hände während des Arbeitens immer wieder als Anschauung.

Ist die Hand gut ausmodelliert, wird der Arm etwa in Höhe des Ellbogens abgeschnitten . . .

. . . und unterhalb der Schnittstelle eingekerbt, so daß hier später der obere Stoffarm angebunden werden kann.

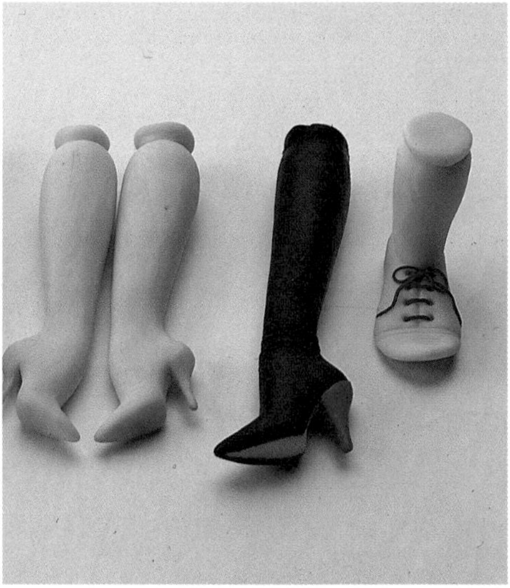

Dann folgen die Beine mit bloßen Füßen oder »angezogenen Schuhen«.

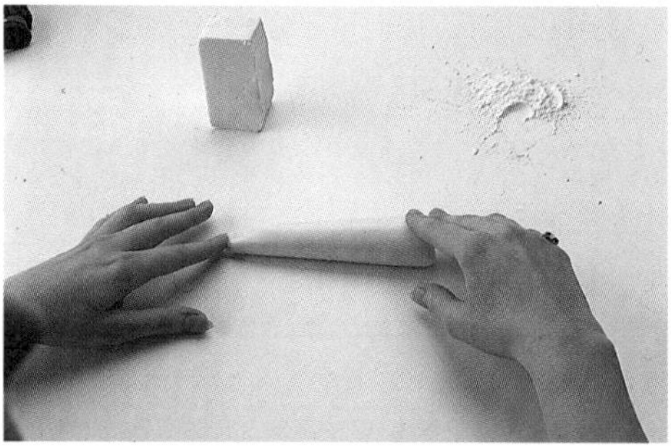

Wieder zwei Würste etwas konisch rollen.

Die Spitze rechtwinklig zum Fuß abknicken.

Zuerst die Ferse mit den Fingern modellieren . . .

. . . dann den Rist und den Vorderschuh. Oberhalb der Wade wird das Bein abgeschnitten und rundherum eingekerbt.

Für den Schuh die markanten Linien einkerben.

Die Schnürlöcher eindrücken.

Die Schnürsenkel aus ganz dünnen Wülsten in einer anderen Farbe einarbeiten. Für solche Detailarbeiten benötigt man sehr feine Hilfswerkzeuge, beispielsweise ausrangierte Zahnarztbestecke.

Köpfe zu modellieren, ist nicht ganz einfach. Dazu gehört schon etwas Übung. Geben Sie deshalb nicht gleich auf, wenn Ihr erster Entwurf nicht ganz gelungen erscheint. Bei einem Clown lassen sich ein paar Unebenheiten vielleicht auch noch überschminken. Eine gute Hilfe ist, einen vorhandenen Puppenkopf immer wieder zu betrachten und die einzelnen Gesichtspartien zu befühlen.

Es beginnt mit einer gut durchgearbeiteten, flachgedrückten Halbkugel.

Die Platte aufnehmen und mit dem Mittelfinger von hinten die Nase hervordrücken.

Mit beiden Daumenkuppen seitlich die Augenhöhlen eindrücken.

Das Gesicht wie eine ovale Halbmaske formen, indem die Daumen das Material von vorne nach hinten schieben und die übrigen Finger die Form vorsichtig nach vorne herausdrücken. Dies muß sehr langsam und mit ganz sanftem Druck erfolgen. Die Finger streicheln eher, sie gleiten. Eventuell die Hände mit Stärkemehl einpudern.

Dann den Unterkiefer und Halsansatz modellieren.

Jetzt die Nasenflügel mit feinen Werkzeugen ausarbeiten.

Den Mund mit dem Fingernagel oder einem Messer von hinten herausdrücken. Dabei von außen etwas Gegendruck ausüben und die zuvor markierte Stelle gegentasten.

Den Mund von vorne längs einschneiden. Da das Material noch weich ist, muß die Gesichtsform zwischenzeitlich überprüft und korrigiert werden.

Um die Mundpartie gut auszuformen, das Kinn nach vorne drücken, währenddessen die Nasenwurzel mit sanftem Druck zurücknehmen.

Die Augen als Ellipse vorzeichnen und diese Linie mit einem feinen Modelliergerät einkerben. Außen und innen eindrücken, so daß der Augapfel entsteht.

Die Augenwinkel innen herunterziehen.

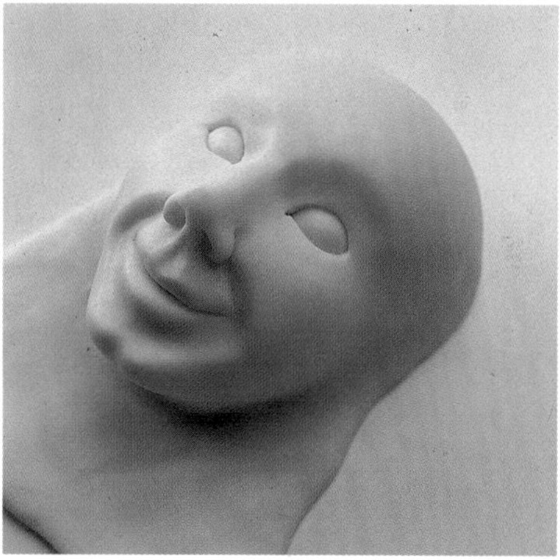

Stellen Sie während des Arbeitens einen Handspiegel vor sich hin, und betrachten Sie Ihre Augen. Das ist eine gute Hilfe.

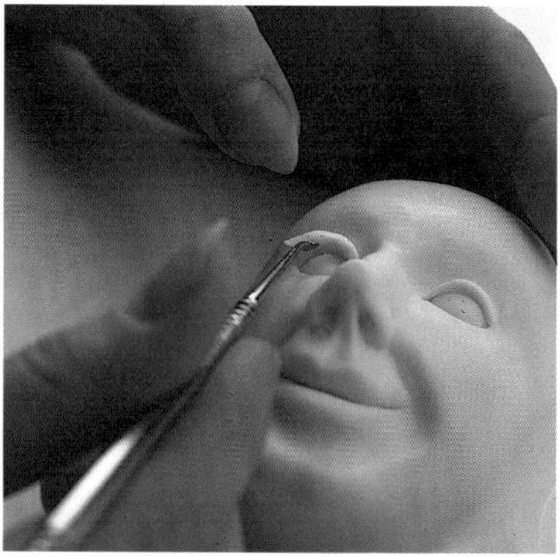

Für die Augenlider aus Cernit, das noch nicht mit Puder in Berührung gekommen ist, kleine Würste formen. Die Augen anfeuchten, die Lider aufsetzen und das Material verstreichen.

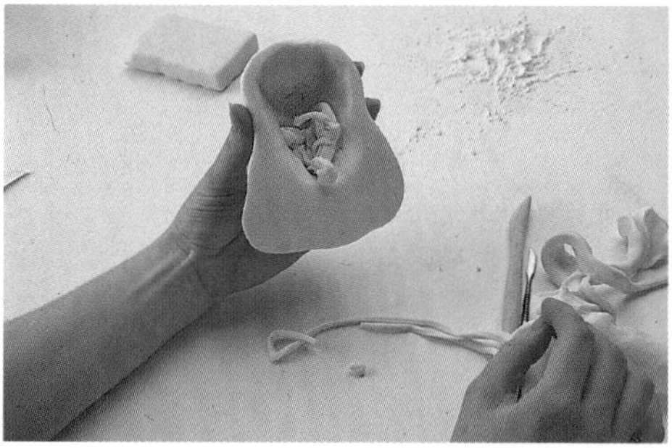

Ist das Gesicht fertig, den Hohlraum von hinten mit dem Restmaterial luftdicht ausfüllen.

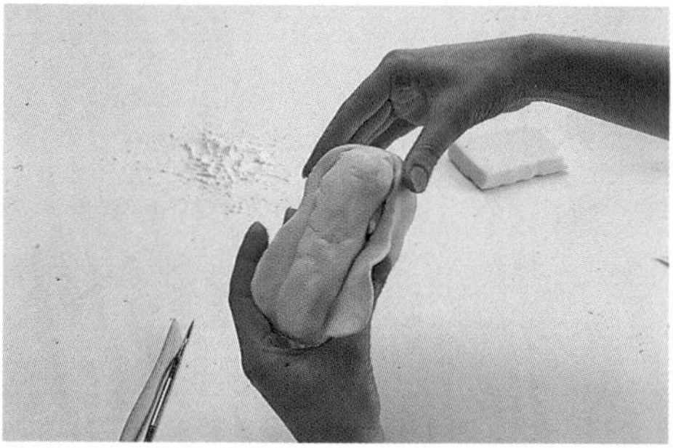

Dann ein gut durchgearbeitetes keulenförmiges Stück Modelliermasse einlegen.

Die Kopf- und Halsmanschette umlegen und andrücken.

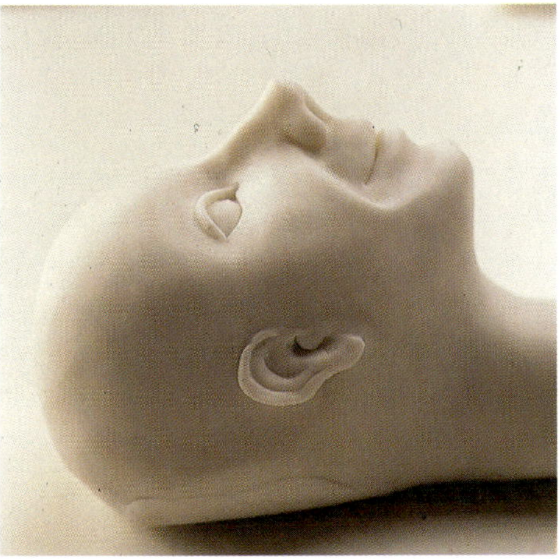

Für die Ohren eine kreisrunde Scheibe in zwei Teile schneiden. Die Ansatzstelle am Kopf etwas aufrauhen, eine Kreishälfte als Ohr ansetzen – das heißt, das Material zu den Wangenknochen verstreichen – und die Ohrmuschel mit dem Modellierholz ausformen.

Für den Körper einen Quader formen. Körper und Kopf durch einen eingesteckten Draht miteinander verbinden . . .

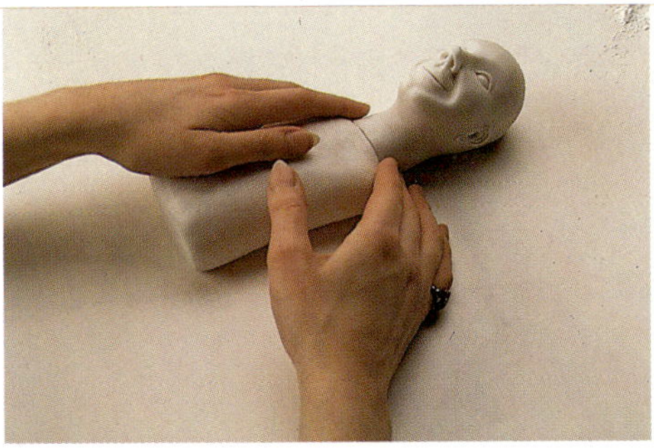

. . . und die Schultern etwas ausmodellieren.

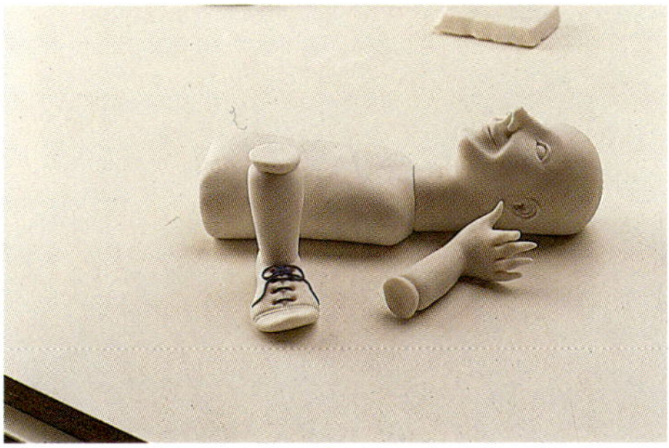

Jetzt können die Figurteile aushärten. Dazu werden sie etwa 25 Minuten im Backofen bei 150 Grad gebacken.

Auch die Bemalung ist nicht ganz einfach. Nehmen Sie sich sehr viel Zeit und Muße dazu. Jeder Farbauftrag muß völlig trocken sein, bevor der nächste erfolgt. Vor dem Bemalen entfettet man das Modell mit etwas Spülmittel, dann haftet jede Farbe besser. Eine besonders glatte Oberfläche wird durch Naßschleifen erreicht: zuerst mit Körnung 200, dann mit 400 und zum Schluß mit 800.

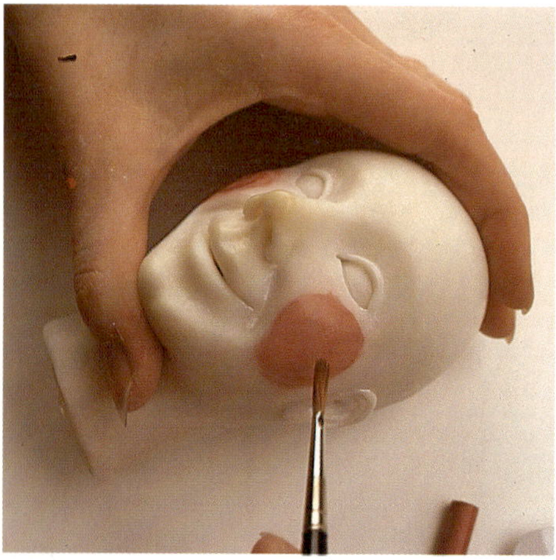

Rouge auftragen . . .

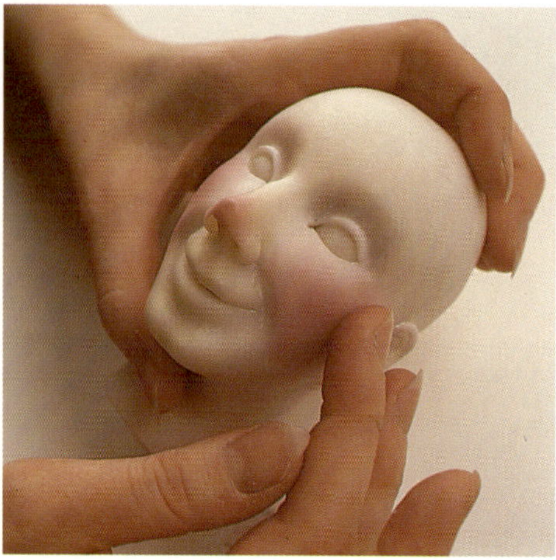

. . . und mit den Fingern verstreichen.

Dann die Nasenspitze röten.

Lidschatten bis zu den Augenbrauen dünn auftragen.

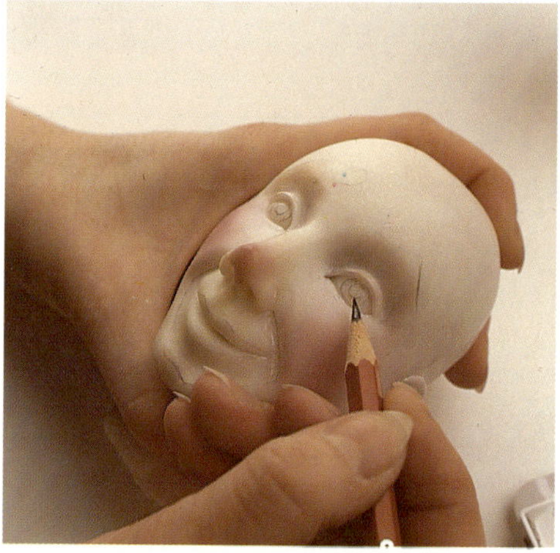

Alle Konturen an Lippen, Mundpartie, Iris, Pupille und Augenbrauen vorzeichnen.

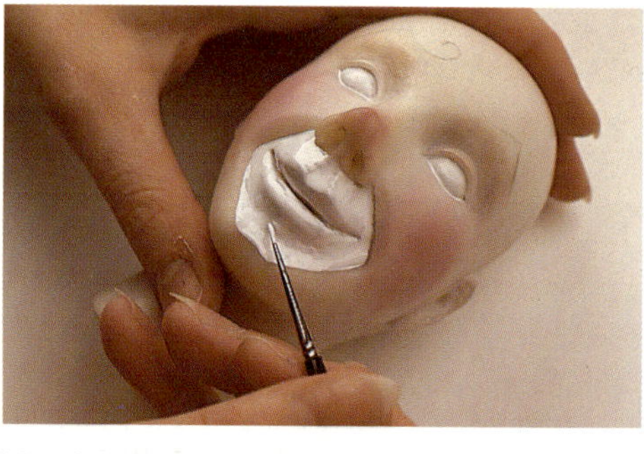

Mundpartie und Augäpfel weiß ausmalen.

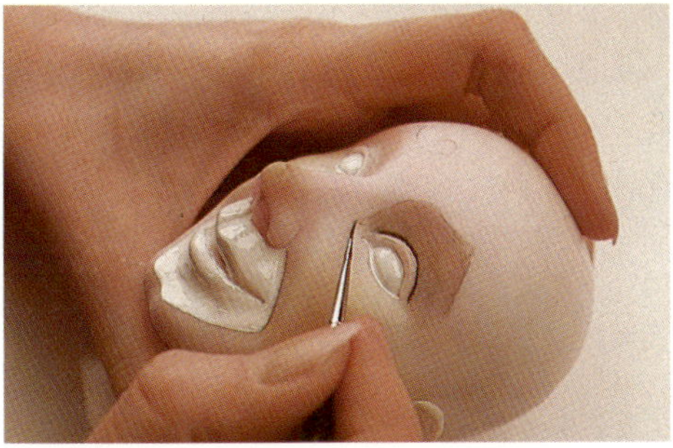

Eine dünne Schattenlinie über dem Lid ziehen und den Lidschatten verstärken.

Den oberen und unteren Wimpernrand schwarz malen, den Innenrand rosa.

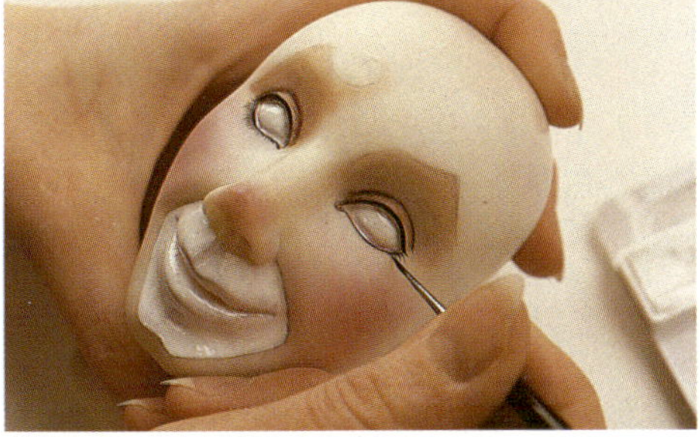

Für die Wimpern einen sehr feinen Pinsel benutzen. Den Pinsel im Augenlid ansetzen, mit leichtem Schwung und leichter Drehung die Härchen aufmalen. Pinsel abheben.

Die Augenbrauen schwungvoll nachzeichnen.

Für die Iris einen Tropfen Farbe in die Mitte des Augapfels setzen und rund austreiben.

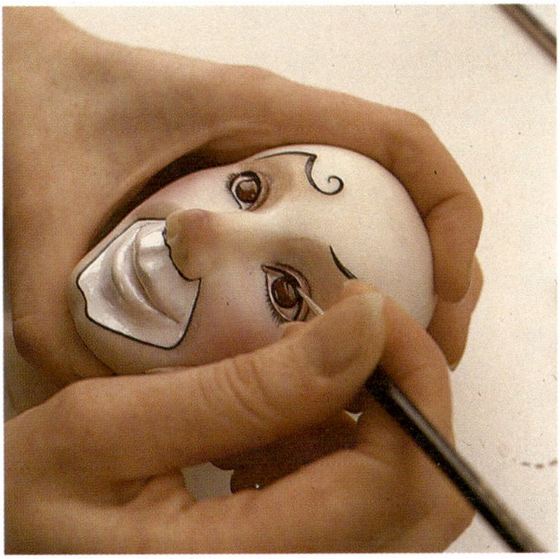

Um die Iris eine dünne schwarze Linie ziehen.

Die Pupille in Schwarz aufsetzen und die Mundpartie konturieren.

Einen verlaufenden Lichterbogen direkt in die Pupille malen, und zwar am linken Auge außen, am rechten Auge innen. Bei braunen Augen nimmt man orange, bei blauen Augen weiß und bei grünen Augen hellgrün.

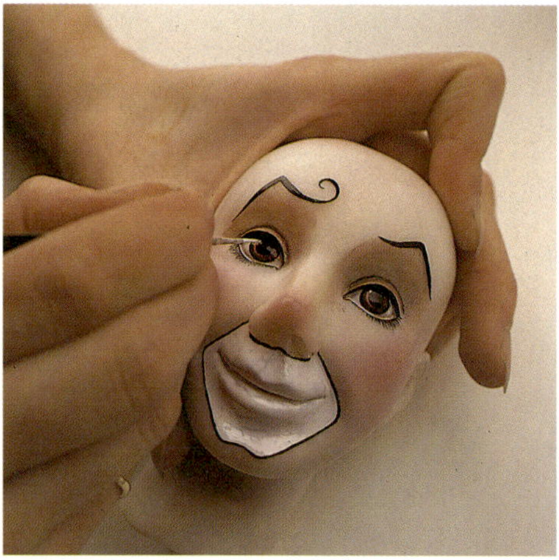

Unterhalb des Bogenansatzes einen weißen Lichterpunkt aufsetzen.

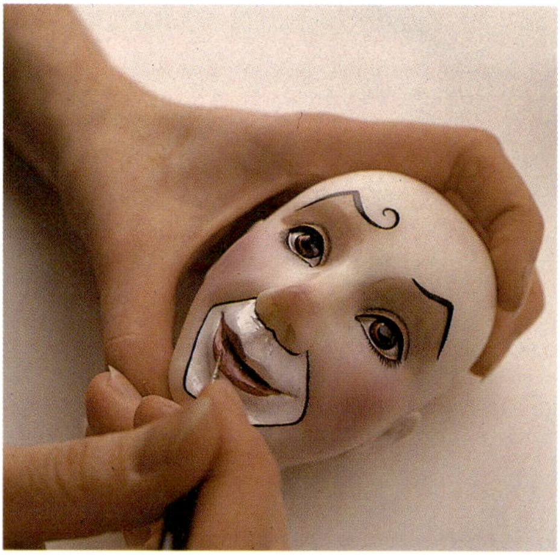

Jetzt die Lippen ausmalen, innen dunkel und außen leuchtendrot.

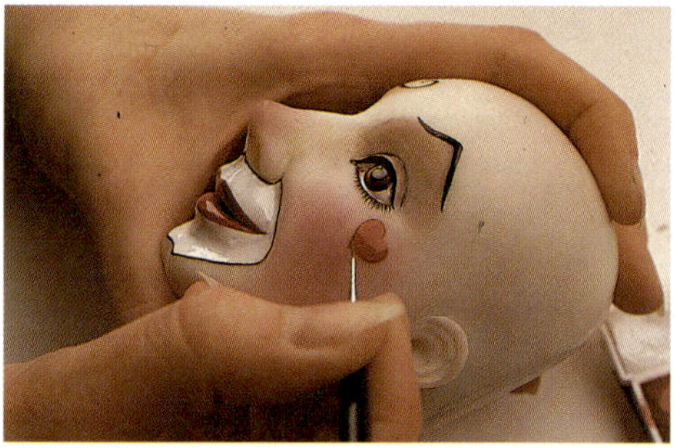

Der Clown kann nun noch nach Belieben geschminkt werden.

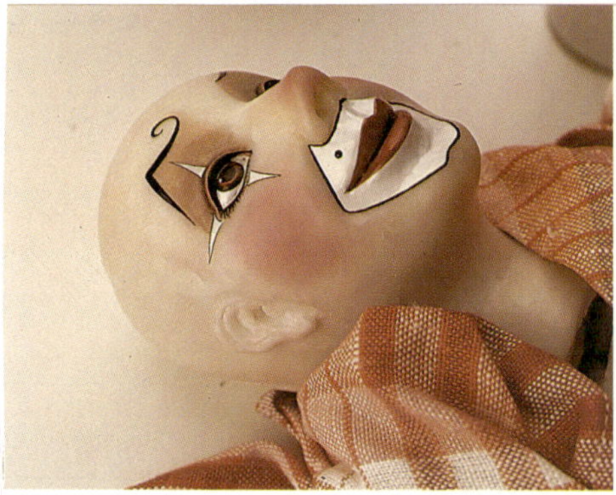

Sind alle Farben gut getrocknet, werden der Kopf und die Gliedmaßen mit einem seidenmatten Klarlack mehrfach überpinselt.